¿Qué pasaría si... nunca durmieras?

por
Thomas Kingsley Troupe

ilustrado por
Anna Mongay

ILLUSTRATED

Publicado por Amicus Learning, un sello de Amicus
P.O. Box 227, Mankato, MN 56002
www.amicuspublishing.us

Editora: Rebecca Glaser
Diseñador: Lori Bye

Cataloging-in-Publication data is available from the Library of Congress.
Library Binding ISBN: 9781645496076
Paperback ISBN: 9781645498537
eBook ISBN: 9781645496373

Impreso en China

ACERCA DEL AUTOR

Thomas Kingsley Troupe es autor de más de 200 libros infantiles. Cuando no está escribiendo, le gusta leer, jugar videojuegos y acordarse de cuándo fue la última vez que se bañó. Thomas es experto en tomar siestas y vive en Woodbury, Minnesota, con sus dos hijos.

ACERCA DE LA ILUSTRADORA

Anna Mongay nació en Barcelona, España. De niña, le gustaba dibujar, andar en bicicleta y correr por las montañas. Después de estudiar bellas artes y escenografía en la Facultad de Bellas Artes de Barcelona, ahora, vive y trabaja como ilustradora y maestra en Pacs del Penedès, España.

Anna extiende su reconocimiento a la fallecida Susana Hoslet, colega ilustradora, por su contribución a las ilustraciones de esta serie.

Se está haciendo tarde. Tus padres dijeron que ya es hora de dormir. No estás de acuerdo. ¿Por qué tiene que acabarse tan pronto el día? ¡Aún quieres andar en bicicleta con tus amigos!

¿Qué pasaría si NUNCA durmieras?

Sin dormir, pronto te sentirás cansado. No tendrás
energía para hacer nada. Tu cara se verá marchita. La
gente dirá que te ves agotado.

Sentirás que quieres tomar una siesta. Pero,
entonces, tu cuerpo podría hacer algo extraño...

¡...y, de pronto, te sientes menos cansado!
A esto se le conoce como "segundo aire".
Es un estallido de energía que a veces
sucede. Lamentablemente, aprenderás
que dura poco tiempo.

Antes de que te des cuenta, tu segundo aire se acabará. Después de eso, tal vez te sientas olvidadizo y confundido.

Después de una noche sin dormir, te sientes malhumorado. Todo te enoja.

En la escuela, no puedes recordar cómo resolver un problema de matemáticas. Tu amigo Jonah sí puede, y eso te molesta. ¡Probablemente, él sí durmió bien por la noche!

¡Te enojas hasta por el olor
del sándwich de Ruby!

¿Y sabes qué es lo peor?

Incluso podrías decirles
cosas feas a tus amigos.

No es buena idea andar en bicicleta cuando estás exhausto. ¡Es mucho más fácil tener un accidente!

Hacer deporte sin energía es difícil. No puedes batear tan bien como lo hacías antes.

Incluso atrapar la bola es difícil. ¡Tu cuerpo está demasiado agotado!

Dado que nunca te fuiste a dormir, el mundo te parece raro. Podrías ver cosas que no son reales. Estas se llaman alucinaciones.

Tu cerebro y tus ojos cansados te engañarán. Cuando el cerebro está cansado, el resto del cuerpo también lo está.

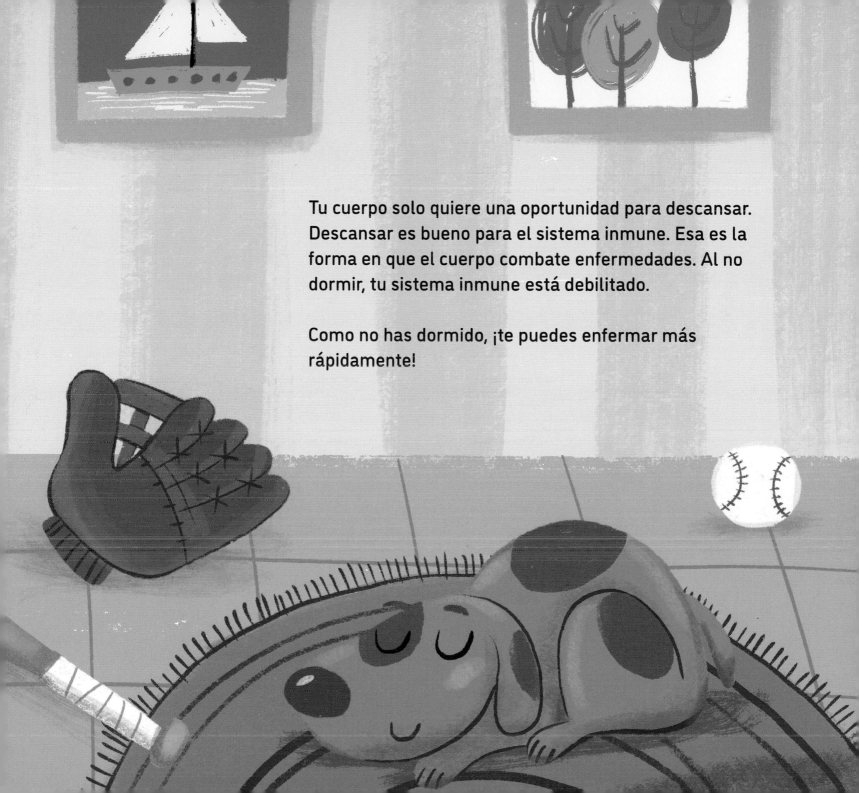

Tu cuerpo solo quiere una oportunidad para descansar. Descansar es bueno para el sistema inmune. Esa es la forma en que el cuerpo combate enfermedades. Al no dormir, tu sistema inmune está debilitado.

Como no has dormido, ¡te puedes enfermar más rápidamente!

Te parece que la cama se ve muy agradable. Tu cuerpo piensa que estás tomando una buena decisión. Le estás dando a tu cerebro y a tu cuerpo una oportunidad para descansar y repararse.

Dormir un poco es mejor que no dormir nada. ¡Dormir más es aún mejor!

Te acomodas en la cama. Mientras el sueño te vence, te preguntas por qué tus padres siguen despiertos. ¿Por qué los adultos no se van temprano a la cama como hacen los niños?

Tu cuerpo sabe que, como niño, necesitas dormir más que los adultos. ¡Aún te estás desarrollando, y tu cuerpo necesita descansar para ayudar a tu desarrollo!

¡Te despiertas y te sientes increíble! Tu cerebro puede pensar correctamente y tu cuerpo tiene energía. Después de dormir bien por la noche, estás listo para batear las bolas de béisbol. ¡Tu cuerpo y tu mente están saludables, nuevamente!

¿Qué pasaría si nunca durmieras?

¡Nada bueno!

Consejos para dormir bien por la noche

1. **Haz mucho ejercicio durante el día.** ¡Esto ayudará a que tu cuerpo EXIJA dormir por la noche!

2. **Trata de mantener un horario constante para dormir.** ¡Tu cuerpo se acostumbrará a irse a dormir y a despertarse aproximadamente a la misma hora!

3. **Relájate antes de la hora de dormir.** Haz algo tranquilo y relajante, como leer un libro o escribir un diario.

4. **Evita las pantallas (celulares, tabletas, TV) antes de acostarte.** La luz azul que estos dispositivos emiten dificulta que te quedes dormido rápidamente.

5. **Es mejor que el cuarto esté oscuro para dormir bien.** Dejar el velador y otras luces encendidos retrasará la liberación de melatonina en tu cuerpo. La melatonina es una hormona del cuerpo que te ayuda a quedarte dormido.

6. **Antes de acostarte, toma un baño relajante.**
    Un baño caliente, 90 minutos antes de ir a la cama, puede ayudarte a tener un agradable sueño profundo.

Datos curiosos

¿¡¿QUÉ?!?

A los 10 minutos de haberte despertado, olvidas la mayoría de tus sueños. Algunas personas nunca recuerdan ninguno de sus sueños.

¿ES BROMA?

Dormir más mejora la memoria de las personas.

¿EN SERIO?

Los atletas necesitan dormir más que la mayoría de la gente. Dormir les ayuda a reparar los músculos y a recuperar la energía del cuerpo.

¿¡¿QUÉ?!?

¡La gente que duerme bien vive más tiempo!

¡ES VERDAD!

El cerebro necesita dormir para funcionar. Si nunca durmieras verdaderamente, tu cuerpo empezaría a fallar. No podrás concentrarte y tendrás problemas para hablar y recordar cosas. ¡Hora de ir a la cama!

¡ES VERDAD!

La jirafa solo necesita dormir 1,9 horas al día.

Glosario

alucinación: Algo que ves y en realidad no está allí.

confundido: Dudoso o perplejo.

exhausto: Muy cansado.

marchito: Caído o decaído.

olvidadizo: Persona a la que le cuesta trabajo recordar cosas.

sistema inmune: La defensa del cuerpo contra enfermedades e infecciones.